BEI GEFALLEN AUCH MEHR ...

Dominique
Goblet

+

Kai
Pfeiffer

avant-verlag

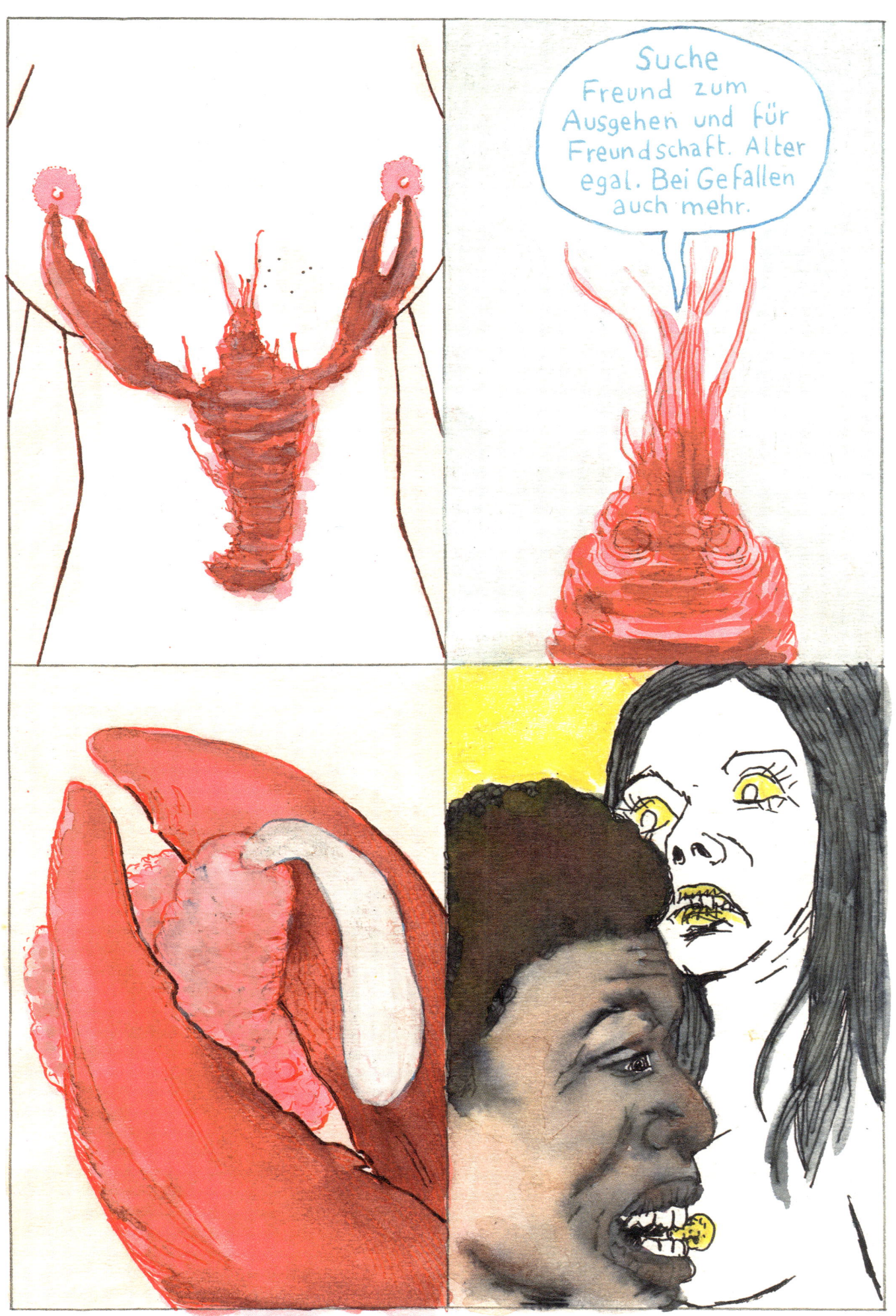

10

13

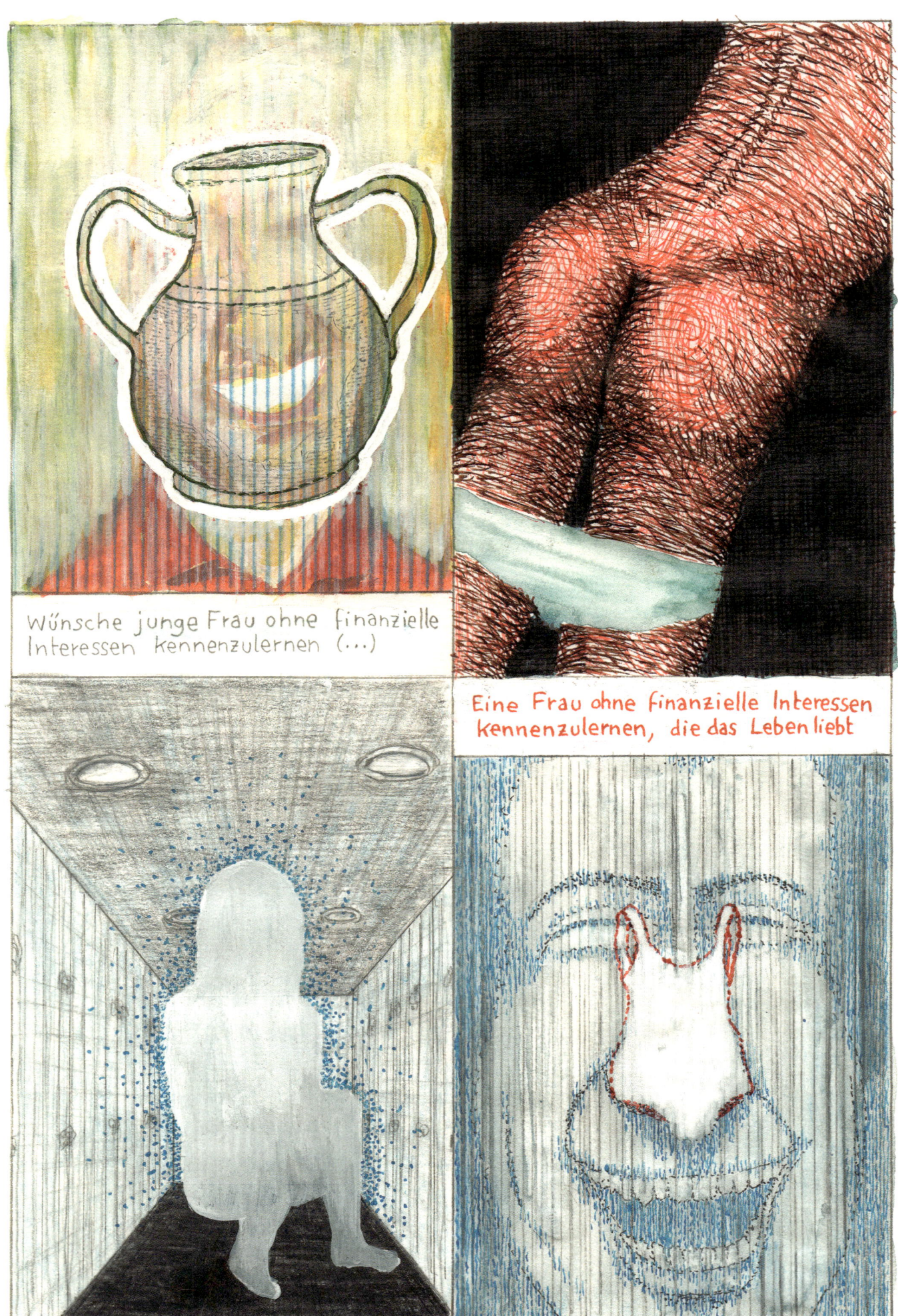

Wünsche junge Frau ohne finanzielle Interessen kennenzulernen (...)

Eine Frau ohne finanzielle Interessen kennenzulernen, die das Leben liebt

17

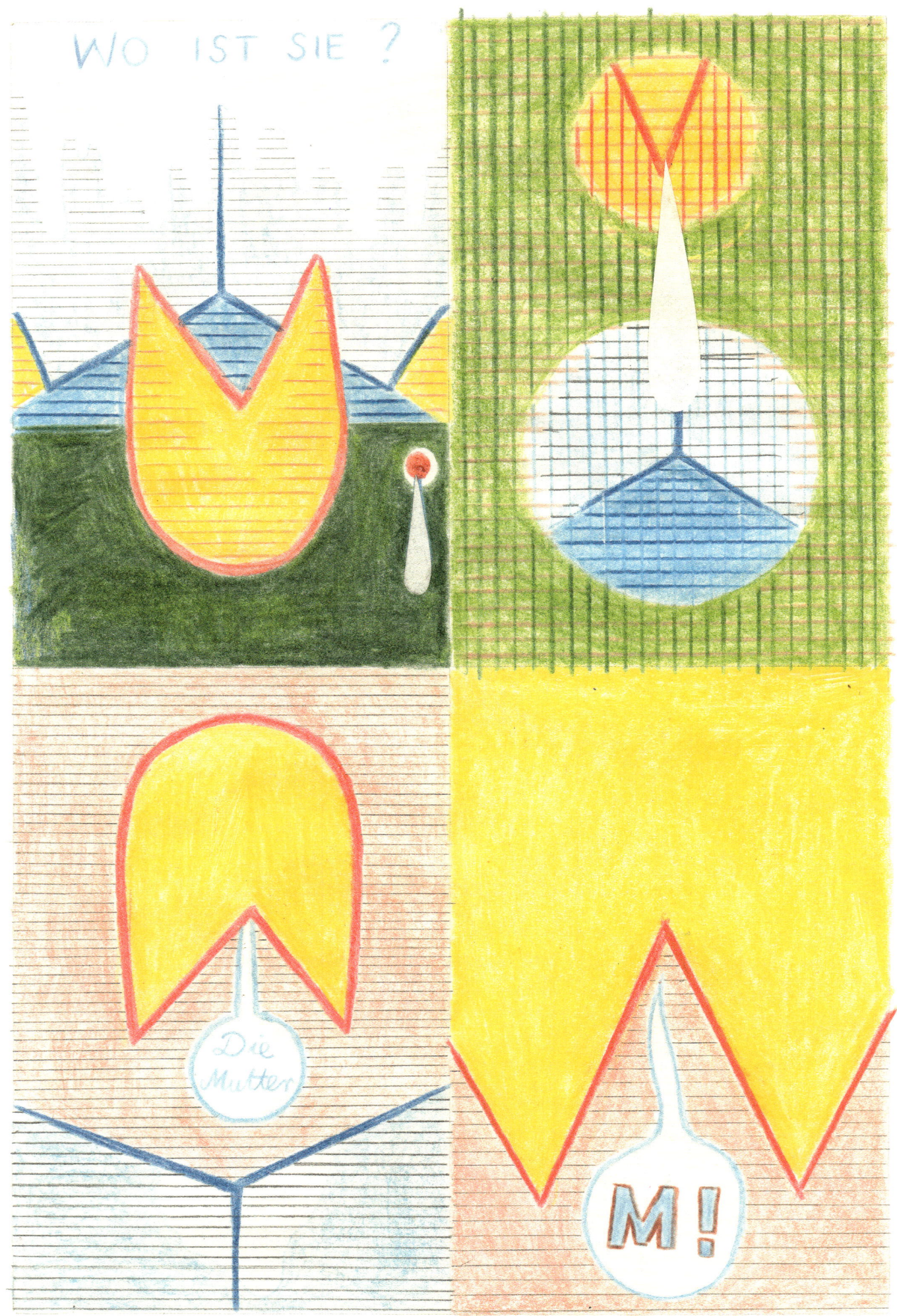

20

SIE BESCHLOSS DARÜBER ZU LACHEN

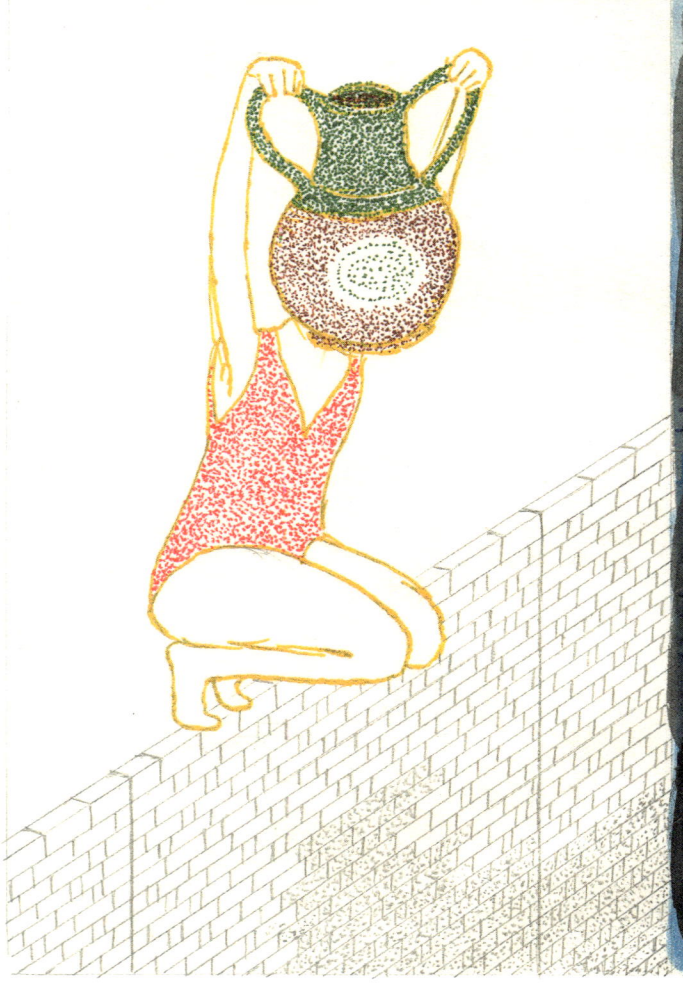

22

ALTER EGAL.

26

Denisdenamur on line

Ich möchte Frauen kennenlern um etwas Spaß zu haben keine Bindung

Sxx off line

Mann, 60 Jahre sucht 2 junge Mädchen für gemeinsames Vergnügen

altes Schwein 60 Jahre 1m75 75kg gut ausgestattet 20x5cm sucht zwei bi Freundinnen oder zwei Schwestern für Delirium zu dritt, ich zeige mich nackt, ihr werdet begeistert sein denn ich bin wirklich gut in Schuss und gut bestückt

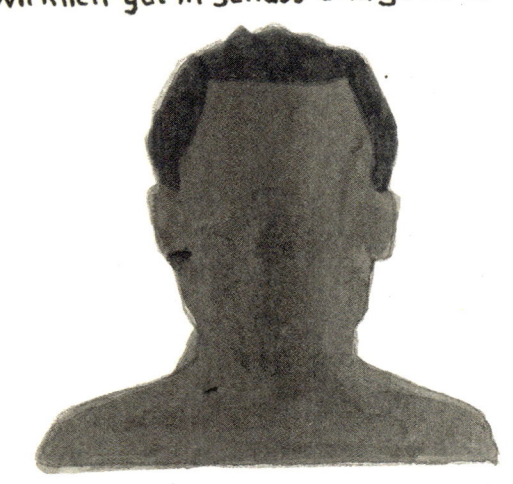

Wiwi617 - on line 41 Jahre

Suche eine Frau die sich mein Herz aneignet

Zur Zeit wohne ich bei meinen Eltern in Uccles

Ich mag nicht	Brüssel verlassen
Das perfekte Rendezvous in dem alles gut läuft, ohne	Ein Moment Kopfzerbrechen
Lieblingsbücher	Leider zu wenig Zeit

E=mc? - on line - 50 Jahre

Gentleman sucht Begleitung!

Geschäftsmann aus Paris mit Wohnsitz in Los Angeles und Brüssel wünscht Frauen während seiner Aufenthalte in Belgien zu treffen... Klassefrauen, sinnlich und prickelnd, zum Ausgehen und für Liebschaft... Machen Sie auf sich aufmerksam, meine Damen

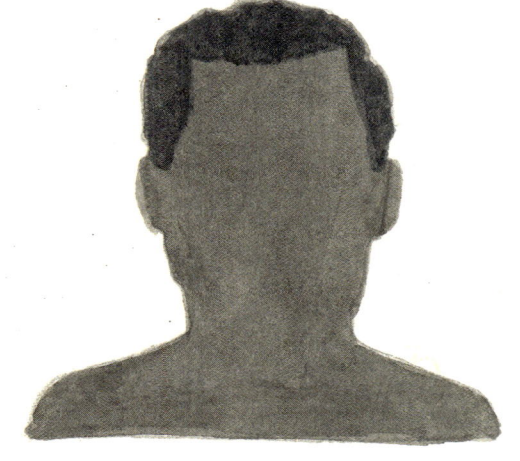

Ich beantworte immer alle Emails (auch ablehnend)

Ich bin flexibel

● **darkness_26** online

Laeken _ Brüssel _ Belgien

Schulabschluss: Fachhochschul-reife

Charakter: bodenständig

Nationalität: Belgisch, spricht französisch

Parfum: Hugo Boss

Schütze

Kleidung: Jeans, lässig, Tee-short

48 Jahe

ledig

Handwerker

Haare hellbraun + lang

braune Augen

86 kg

1,80 m

Keine Rechtfertigungen

Kein Kopfzer-brechen

pourlemeilleur _offline_

Was ich hasse: Austern _ (falsche) „sub-venttionierte Künstler" _ „Fußball-spezialisten" _ umweltverschmutzende Landwirte _ „Kaufleute" (Betrüger)! _ die „Gläubigen" _ Katerstimmung _ Meine Steuererklärung _ „F(W)einkenner" (Wenn uns der Snobismus in den Fängen hat!)

Ich mag nicht: "Mannweiber" Was ich hasse: Schwachköpfe, Lügen, Verrat, Materialismus, traurige Menschen

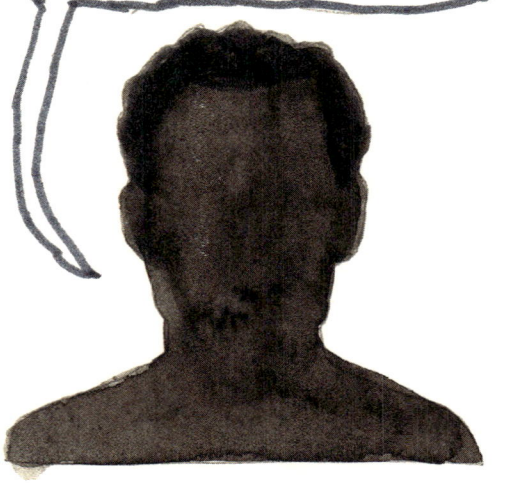

Ich bin da. Zu voll des Lebens, manchmal fehlt die Stille, ständig ergriffen, töricht, hüpfend, oder der Blick gleitet eben so über den Horizont hinaus, meine Hände wie Flocken die darauf warten irgendwo niederzusinken, die Augen suchen Kristalle, die Frau aus Koralle, die sich in meinem Ozean gefällt, meinen Welten aus Sand, wo ich auf sie warte.

1acrimoso offline

Lieblingsurlaub:	Meer und Sonne
Was ich mag:	Offenherzigkeit
Was ich hasse:	Die Lüge
Ich wäre gerne:	Ein Künstler
Lieblingsschauspieler:	Jean Reno
Lieblingsschauspielerin:	Sophie Marceau
Lieblingsfilme:	Das Schweigen der Lähmer

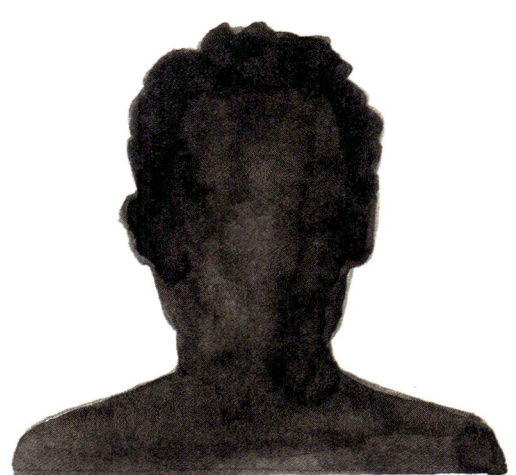

● el plombier _on line_ 52 Jahre

Waterloo _ Wallone aus Brabant _ Belgien
Sucht Beziehung ohne Kopfzerbrechen
Ich will hier keine hübschen
in Honig getauchten Sätze
absondern, um zu locken, nein,
ich liebe das Wahre ... Die Realität
der Dinge. Foto auf Anfrage
(ich will meine Visage hier
nicht allen hinhalten)

● Larisss 971 _offline_ 42 Jahre

Ich bin von den Antillen ich möchte
eine Beziehung mit sehr cooler Frau
kein Kopf und die das Leben genießt
wie es komm Küsse an alle Frauen
die bei meim Profil vorbeischaun.

34

35

38

49

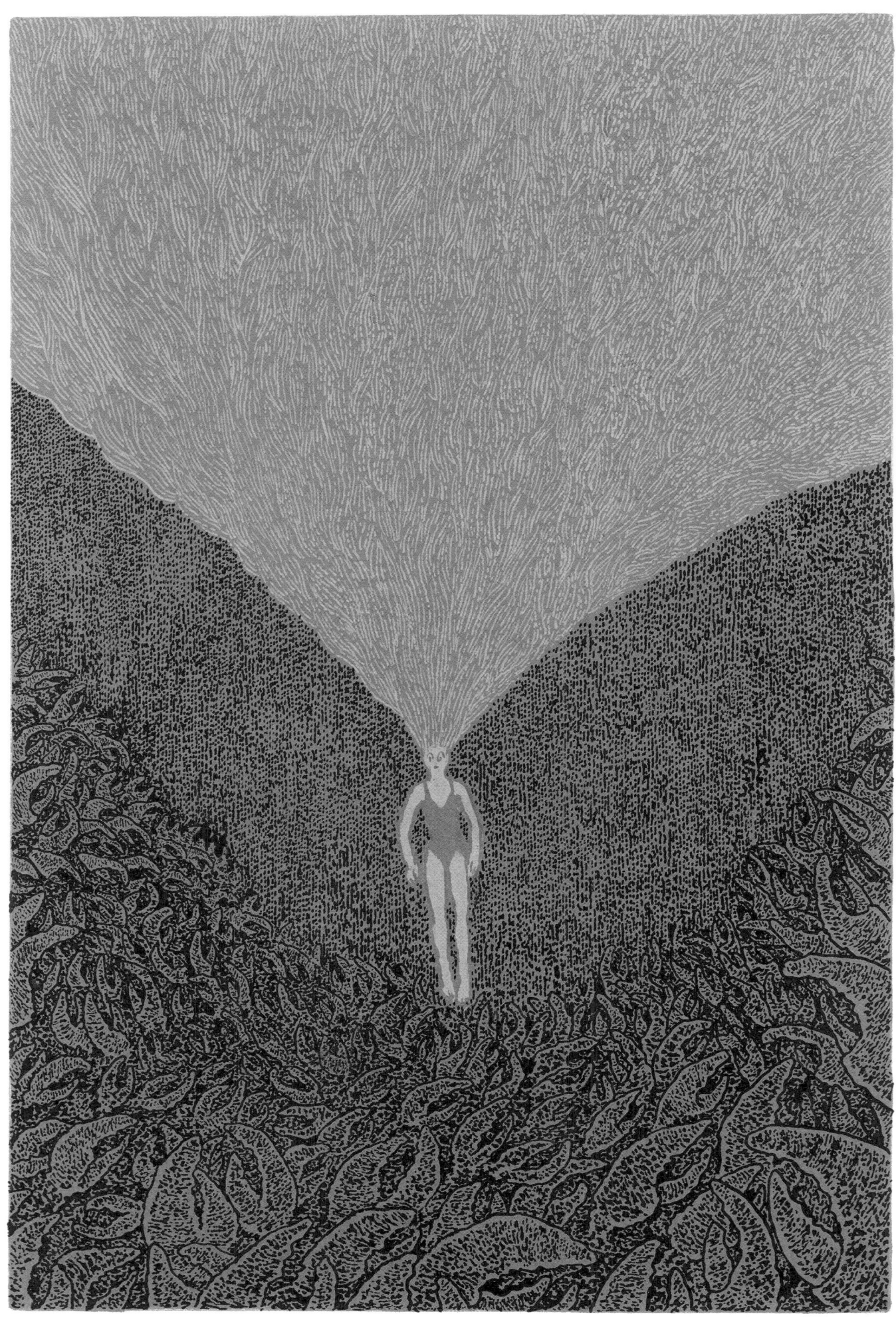

52

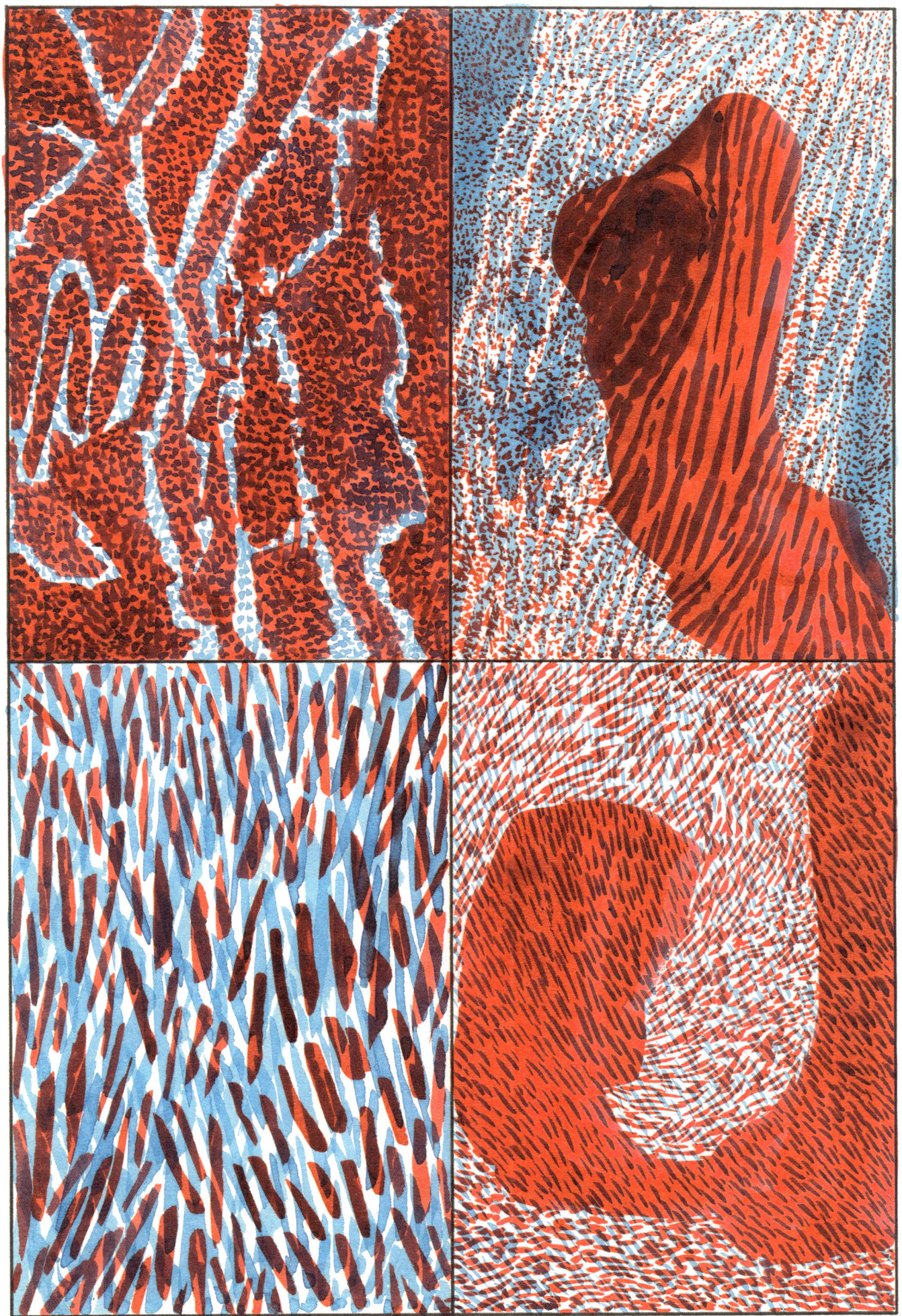

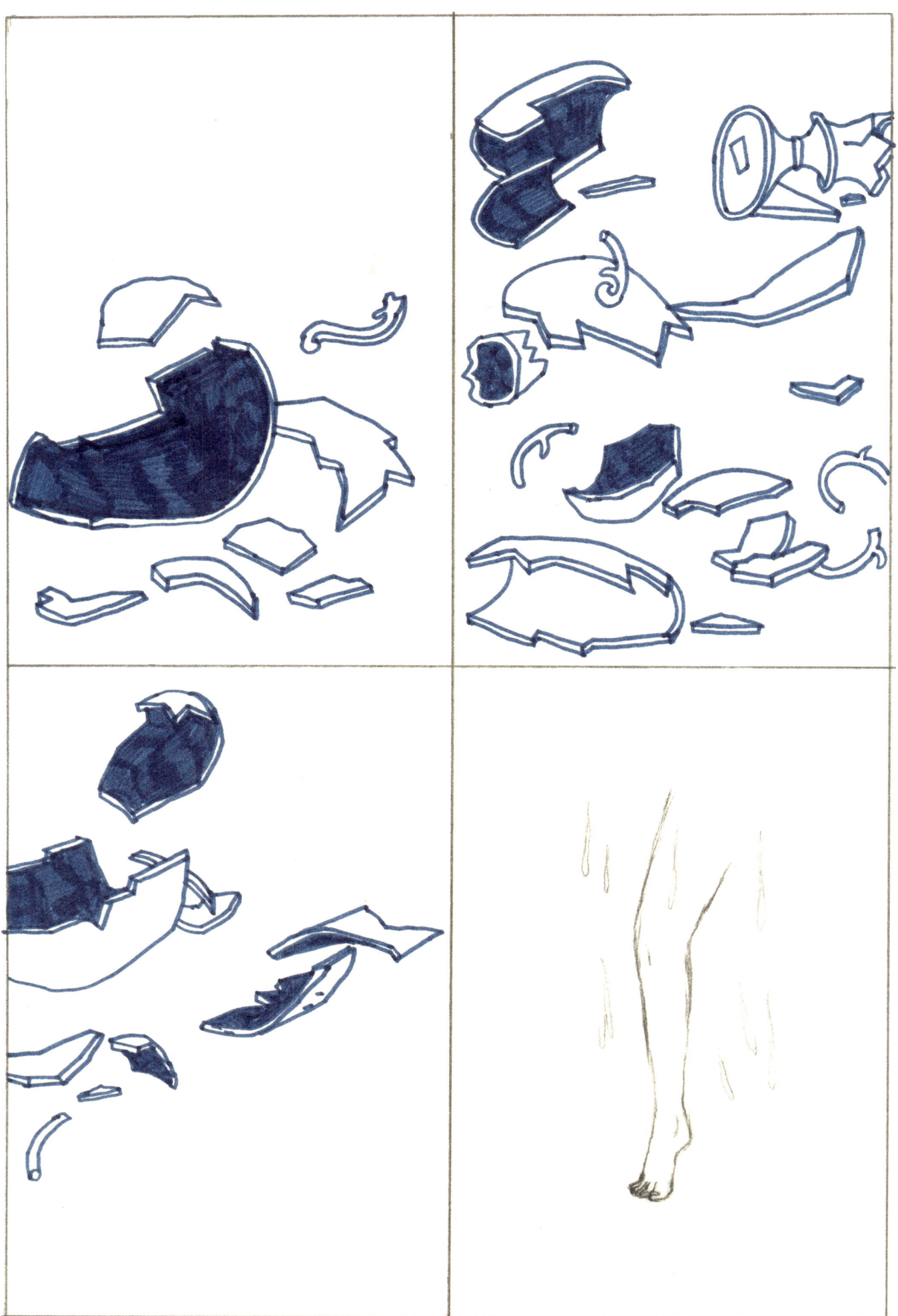

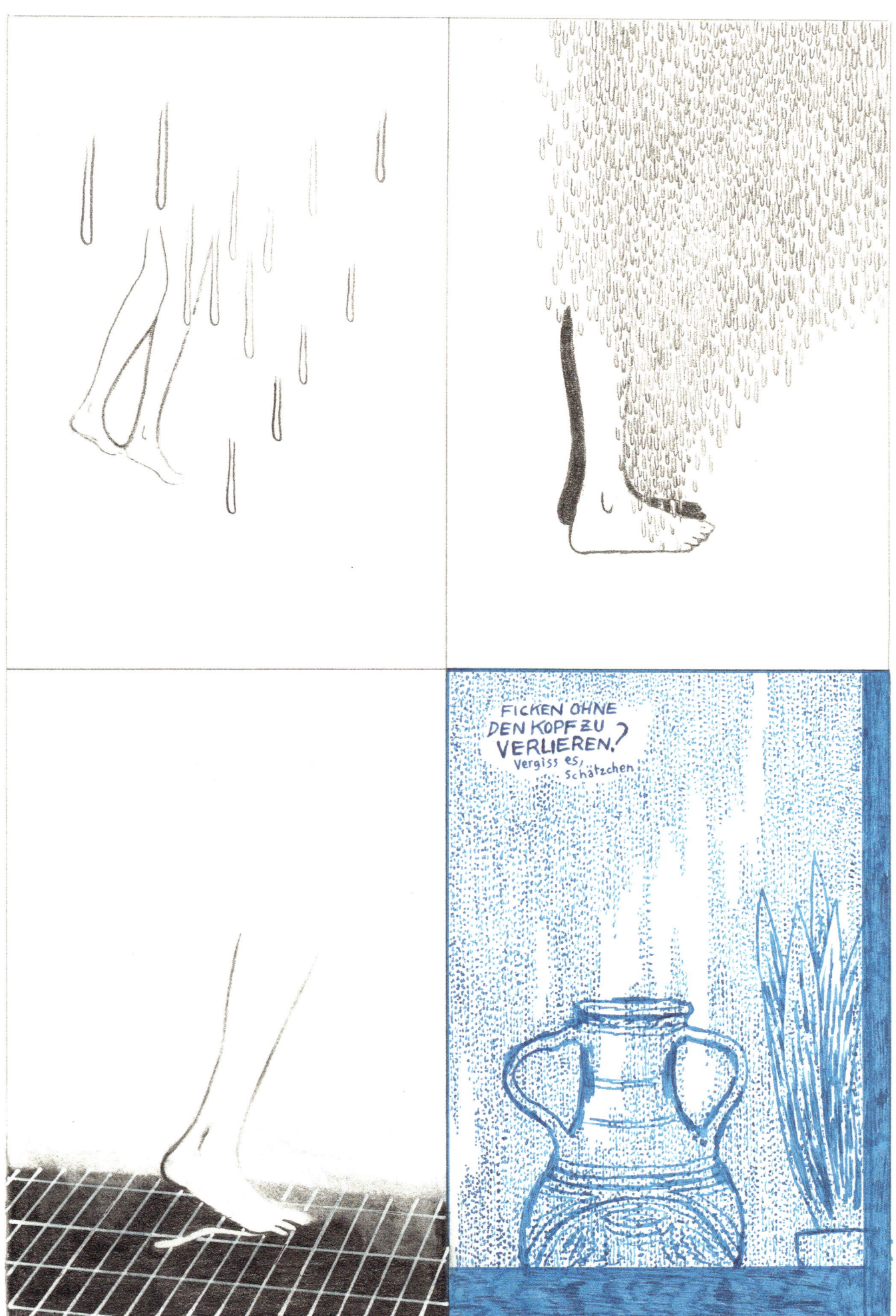

55

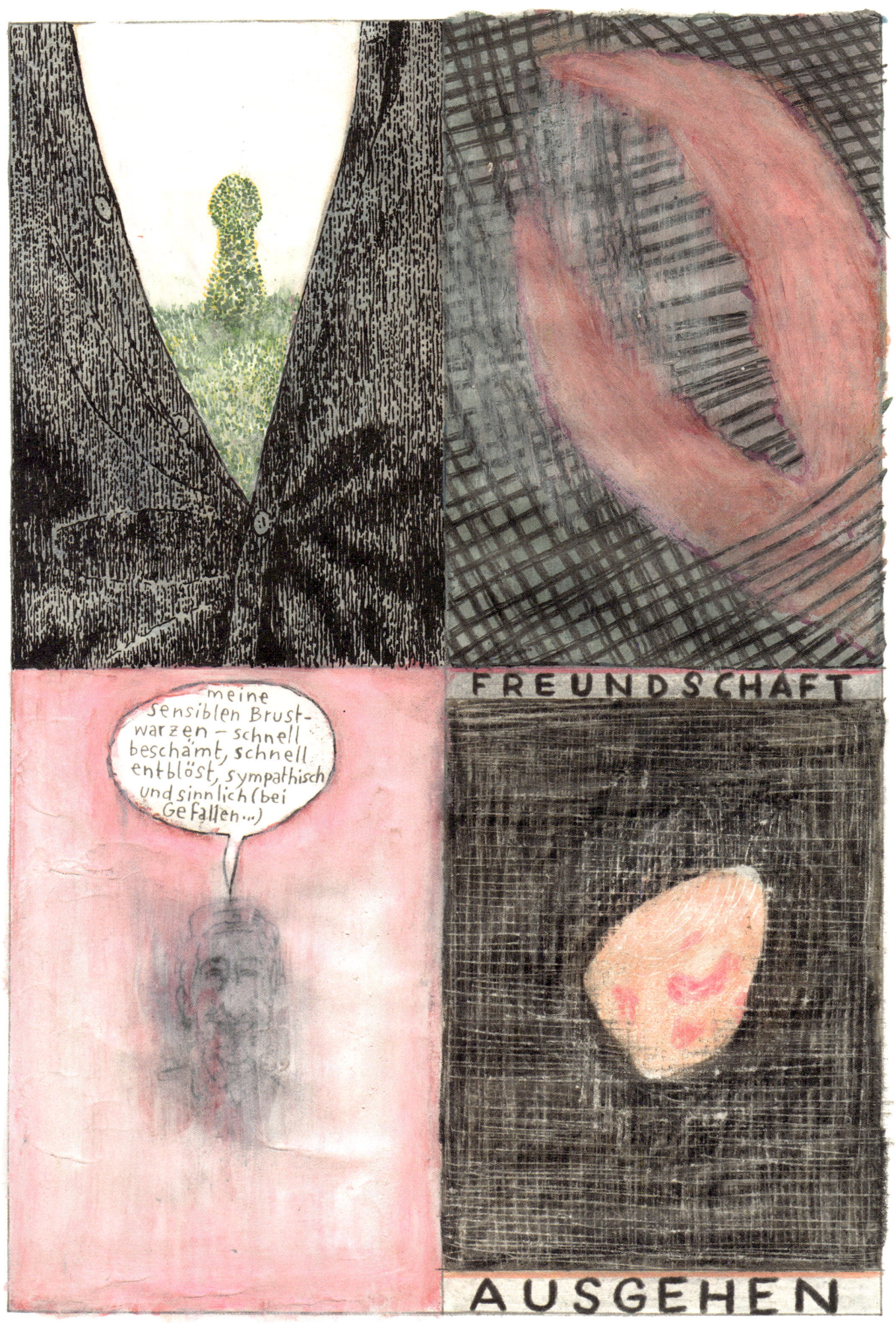

58

61

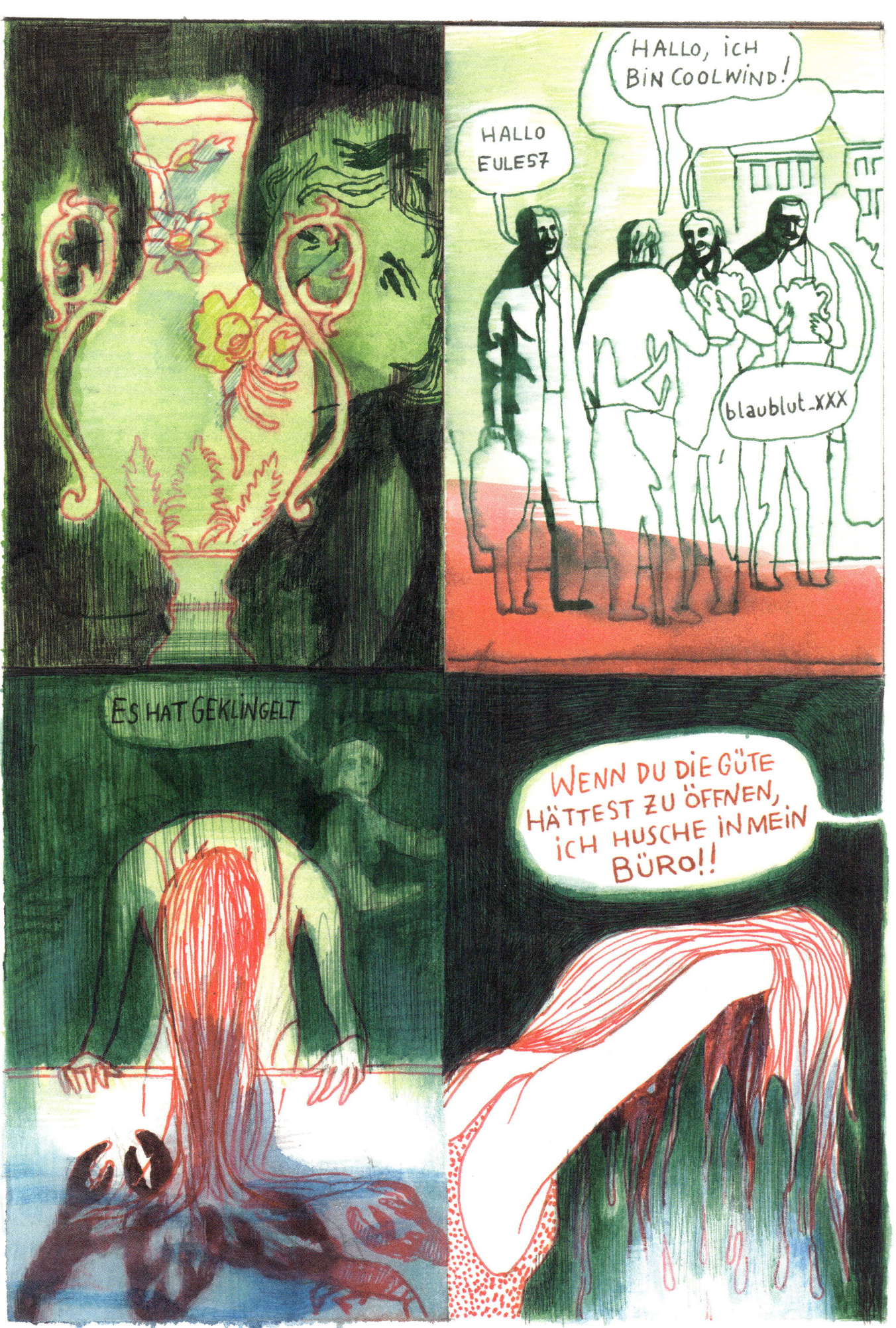

65

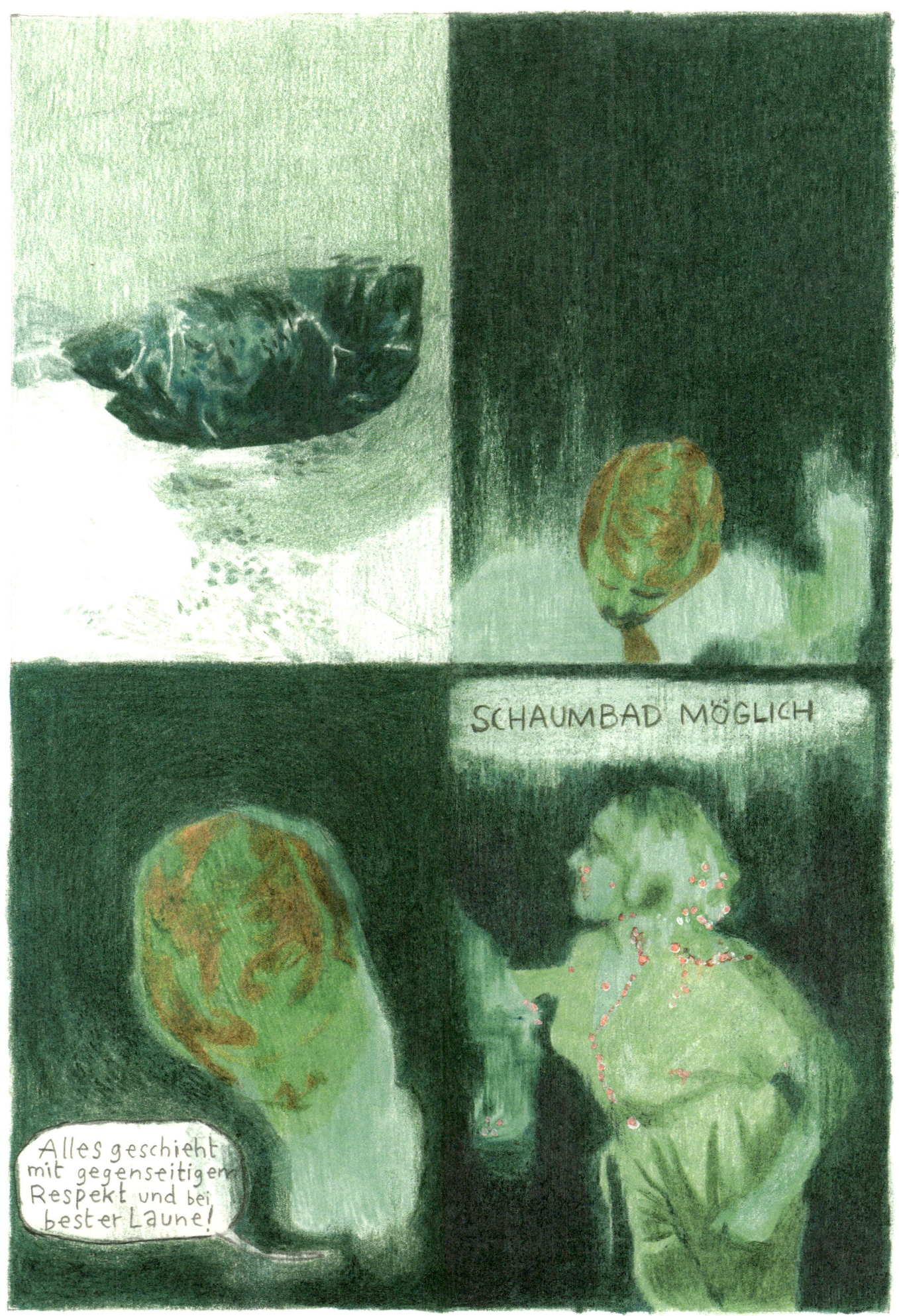

70

71

72

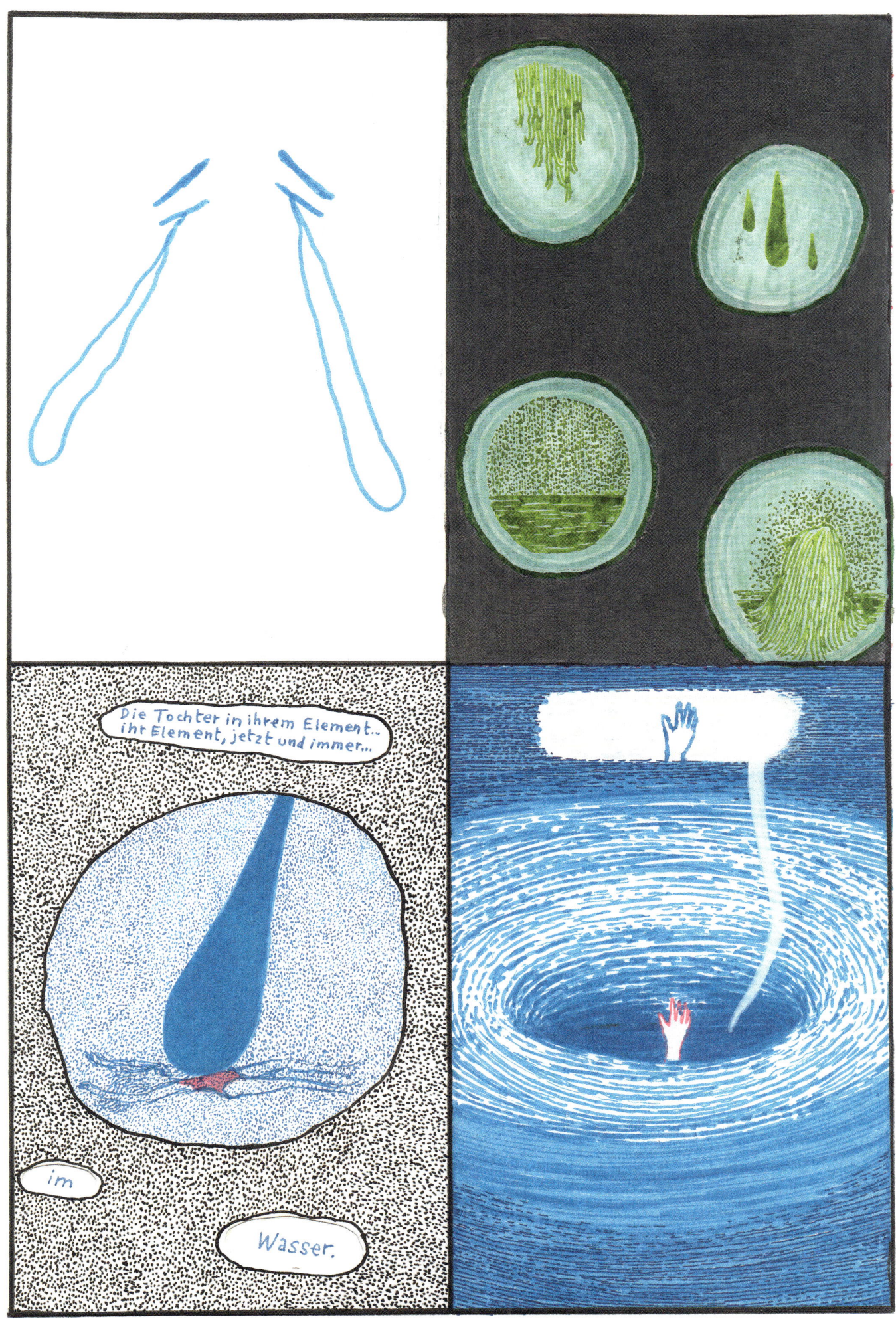

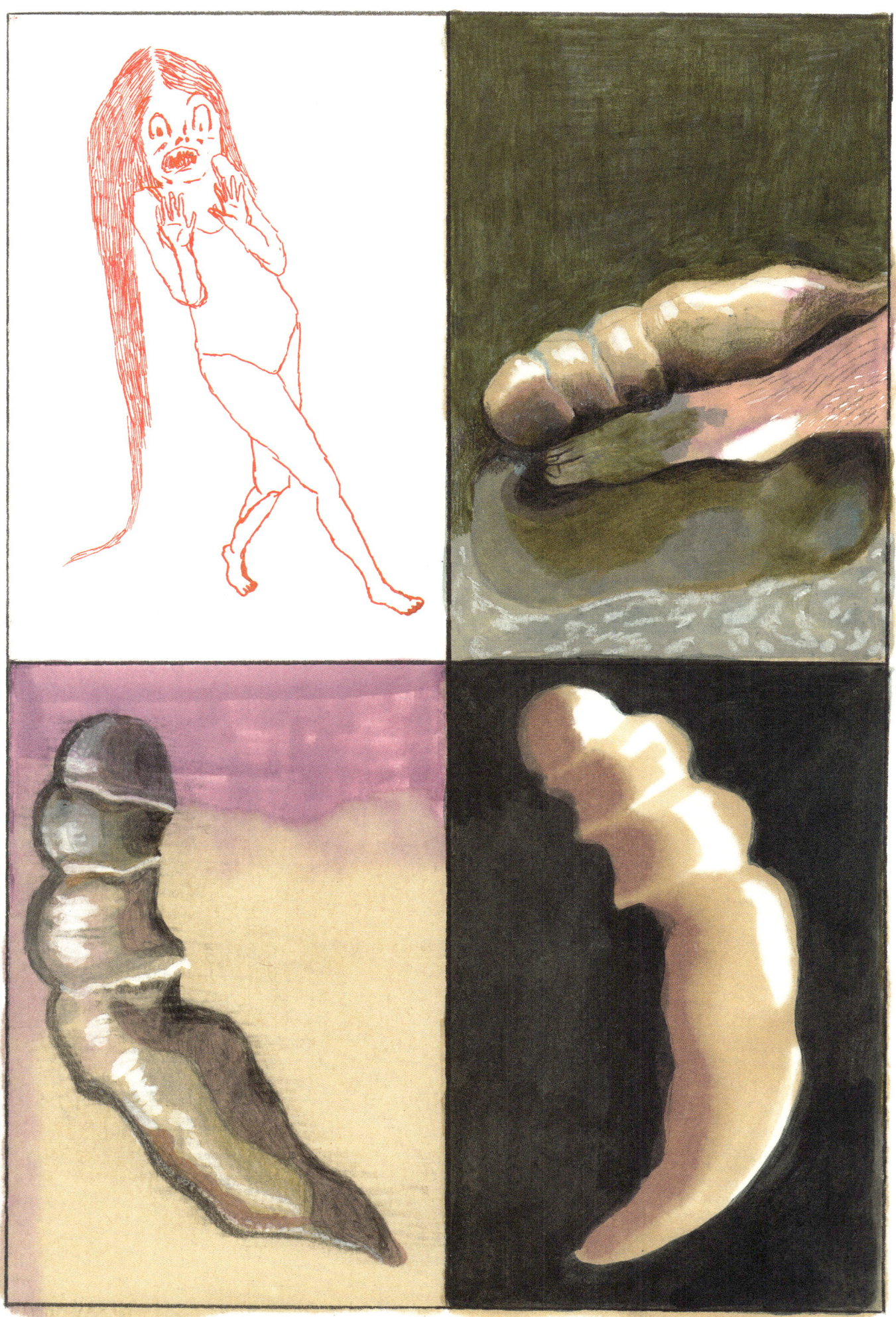

78

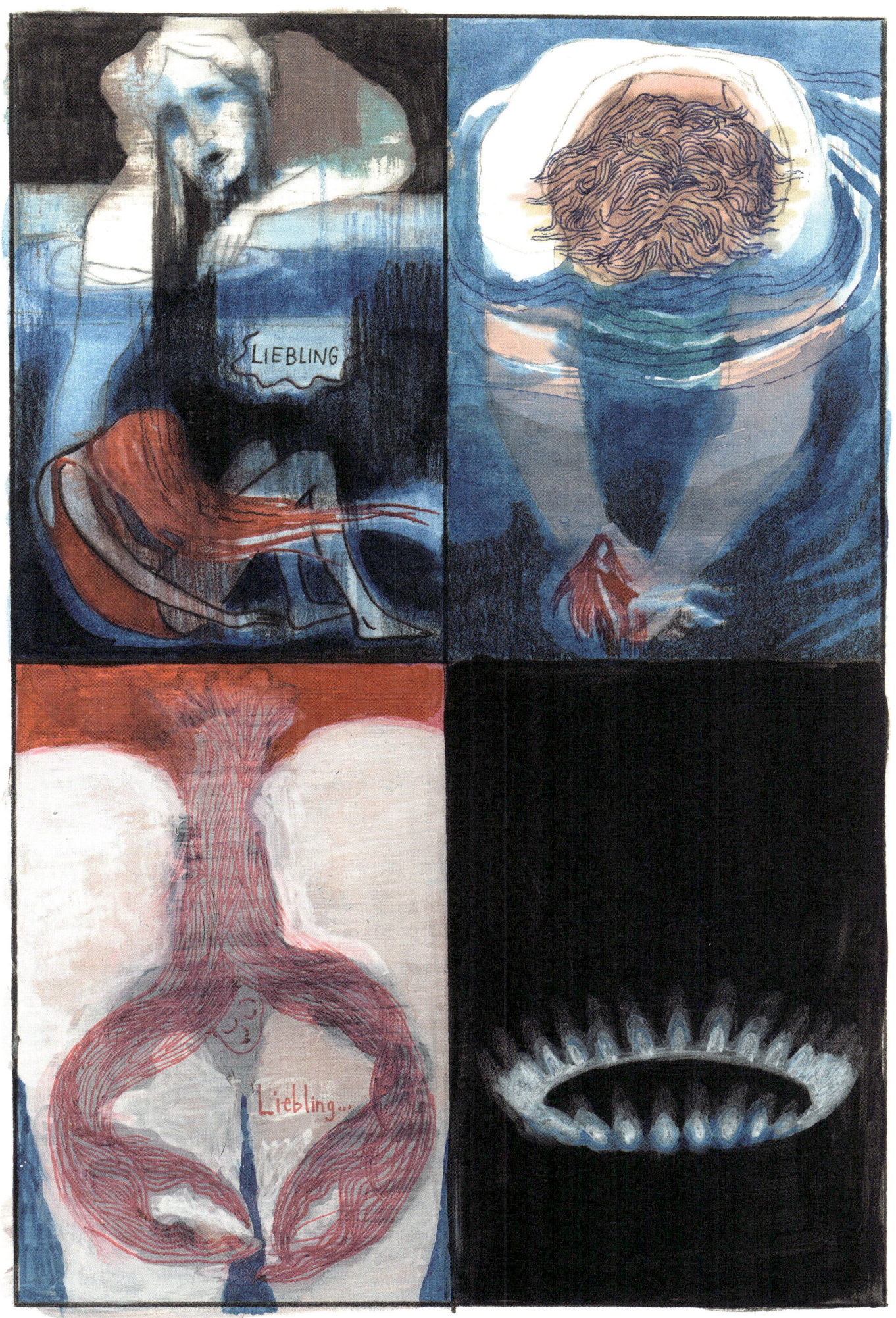

83

85

95

97

99

LETZTE MOMENTE EINES GEMEINSAMEN LEBENS. WIR SEHEN:

DAS EHEPAAR SCHAUT FERN. (DIE FÜSSE DER MUTTER ÜBER DIE BEINE IHRES GATTEN GELEGT). WACHTMEISTER LOVE ZAPPT ZERSTREUT DURCH DIE PROGRAMME.

EIN SPORTKANAL LÄSST IHN INNEHALTEN. SEINE HAND LEGT SICH AUF DEN KNÖCHEL DER MUTTER. ZUGLEICH GREIFT SIE NACH SEINER HAND. AUF DEM BILDSCHIRM EIN OLYMPISCHER SCHWIMMWETTKAMPF.

DIE MUTTER DENKT ÜBER SCHEIDUNG NACH, UND, OHNE ZU WISSEN WARUM, SCHWEIFEN IHRE GEDANKEN ZURÜCK ZUM PROZESS, WÄHREND IHRE AUGEN WEITER DEN BILDSCHIRM FIXIEREN.

DIE MUTTER SAGT: „ICH ERTRAGE ES NICHT, DAS ZU SEHEN." WACHTMEISTER LOVE: „ICH AUCH NICHT. ABER ICH BRINGE ES NICHT ÜBER MICH, UMZUSCHALTEN..."

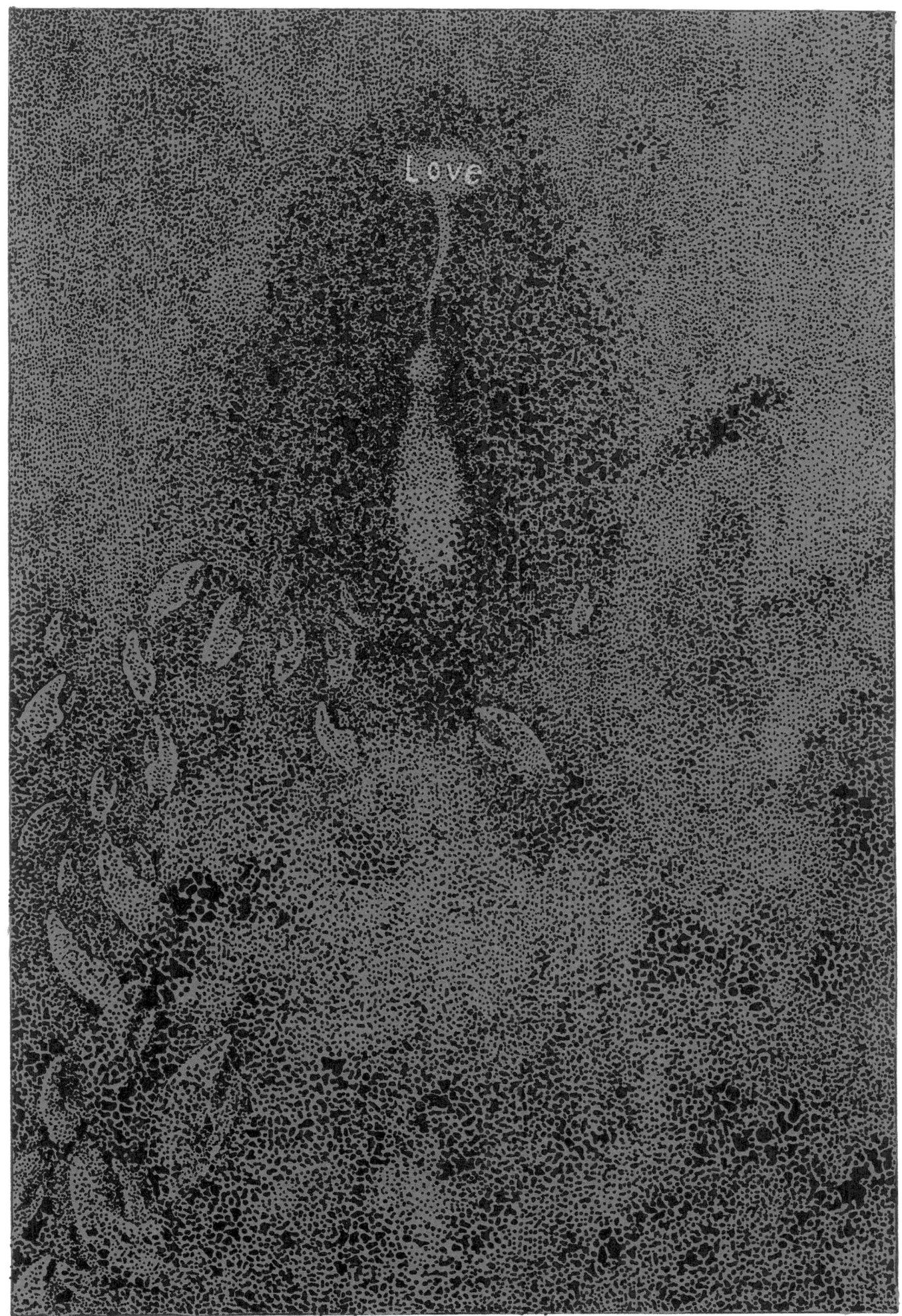

103

andy3859 hatte auf Die Mutter gewartet.
Er wartete, und wartete... als sie dann
endlich kam, da sprach sein modriges
Hirn mithilfe verdorrter Stimmbänder:

ICH
HABE
GEWARTET
...

115

119

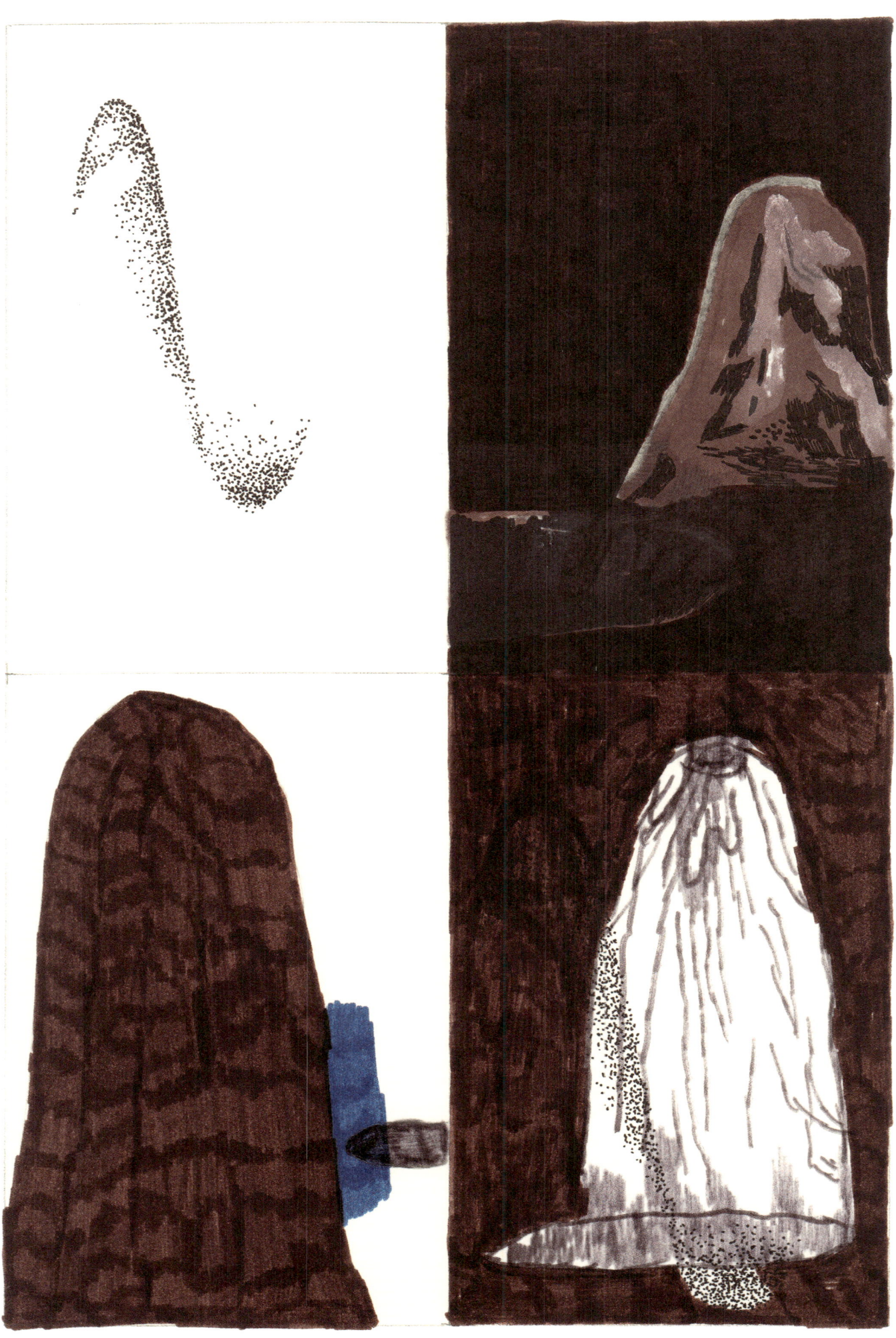

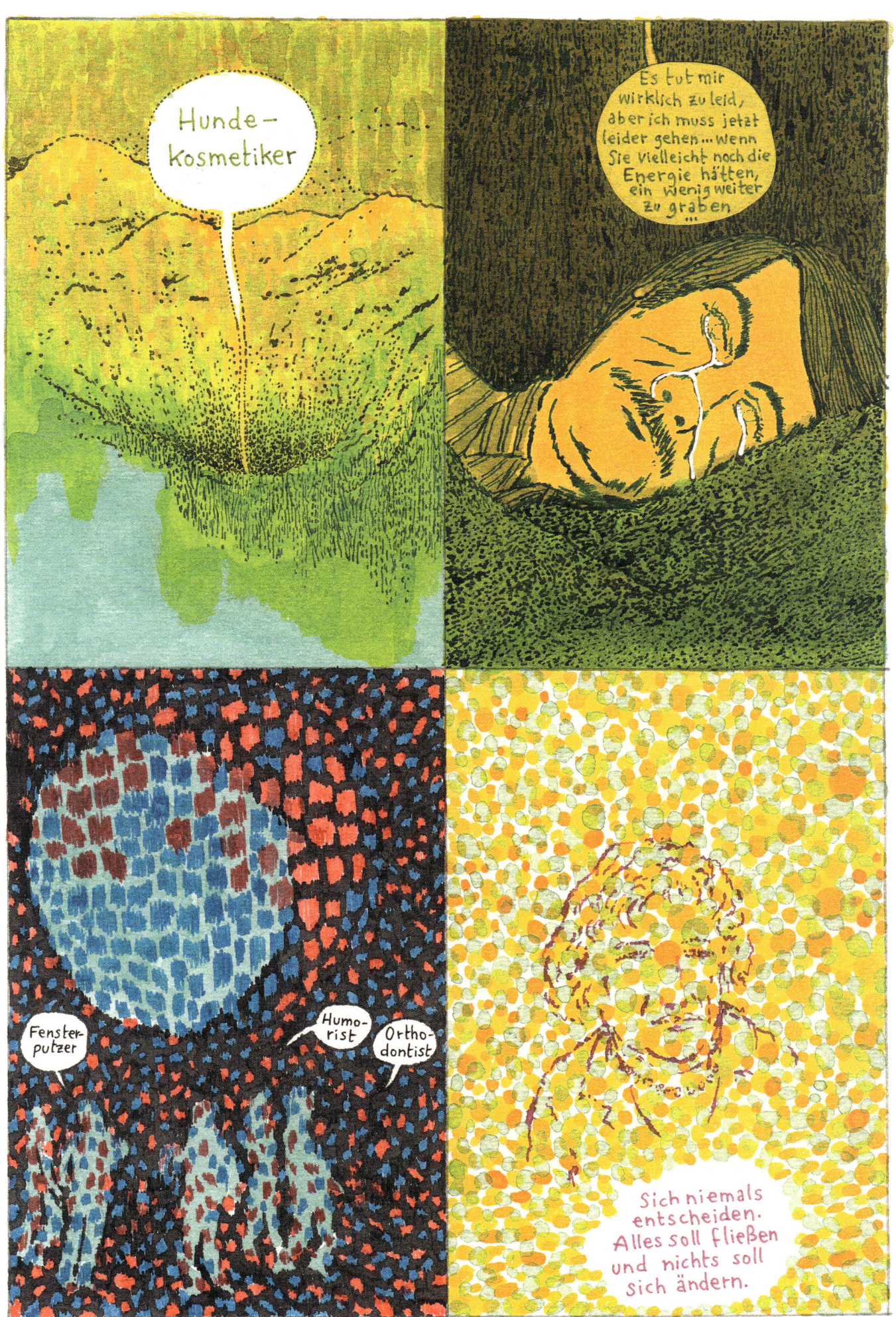

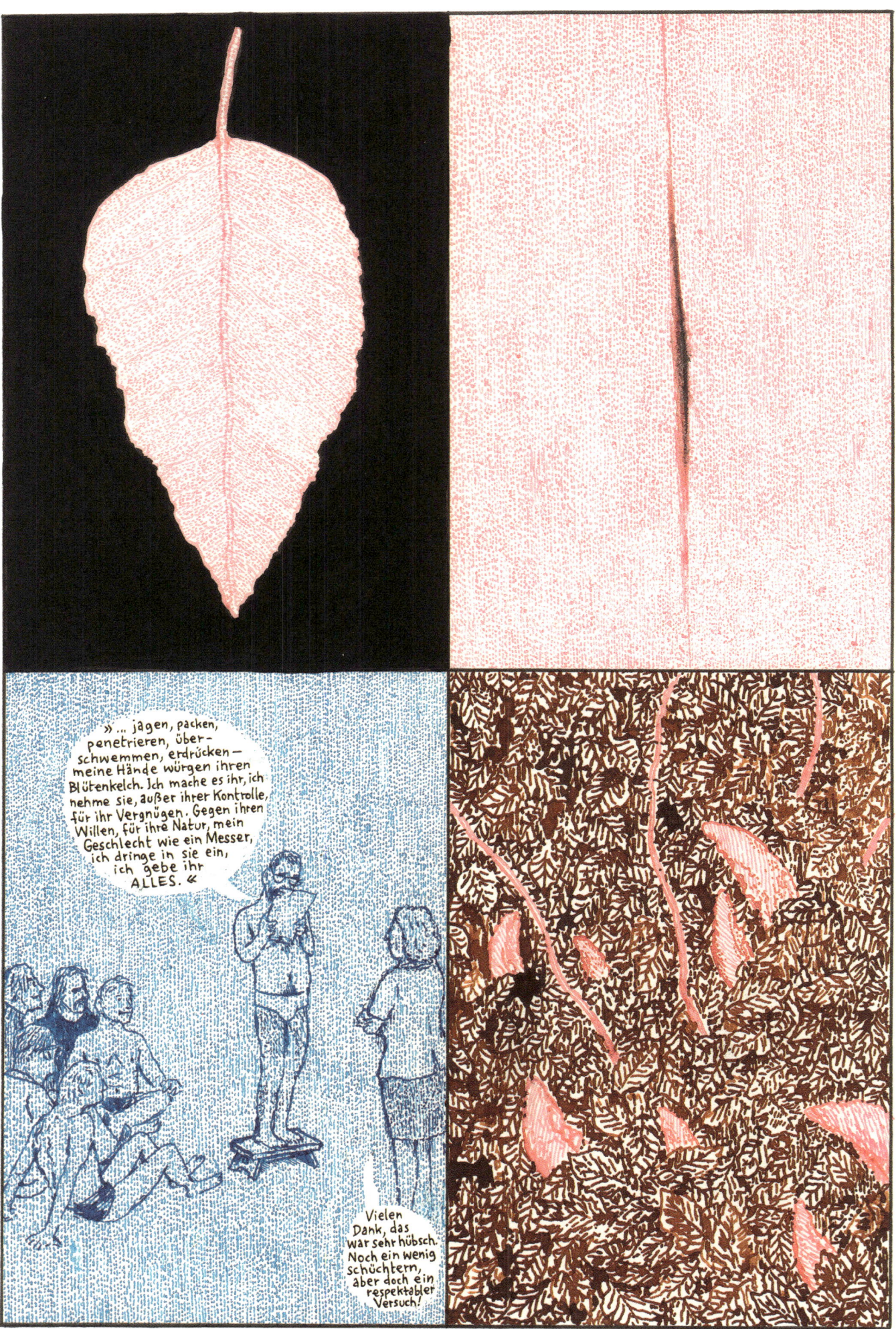

124

131

135

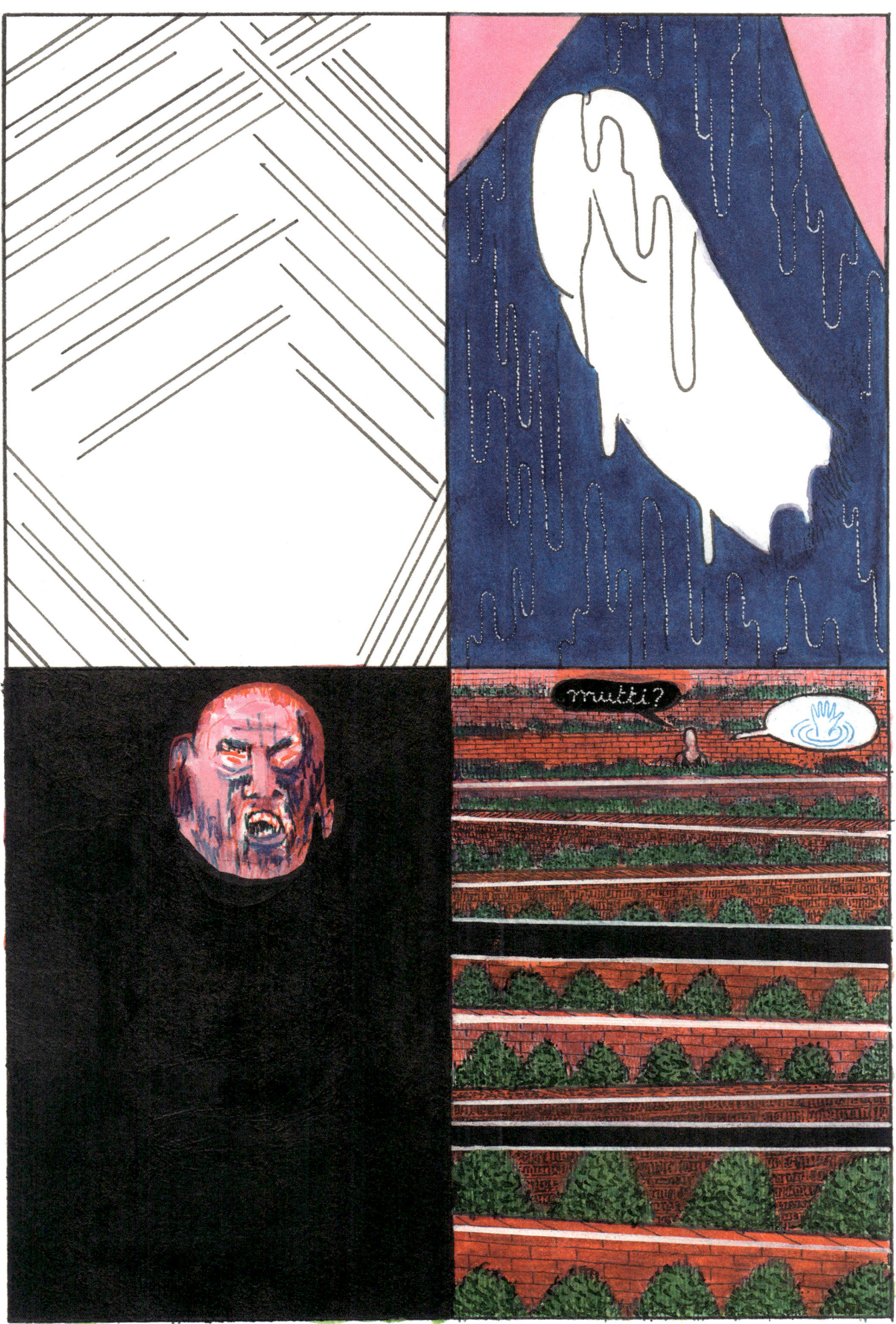

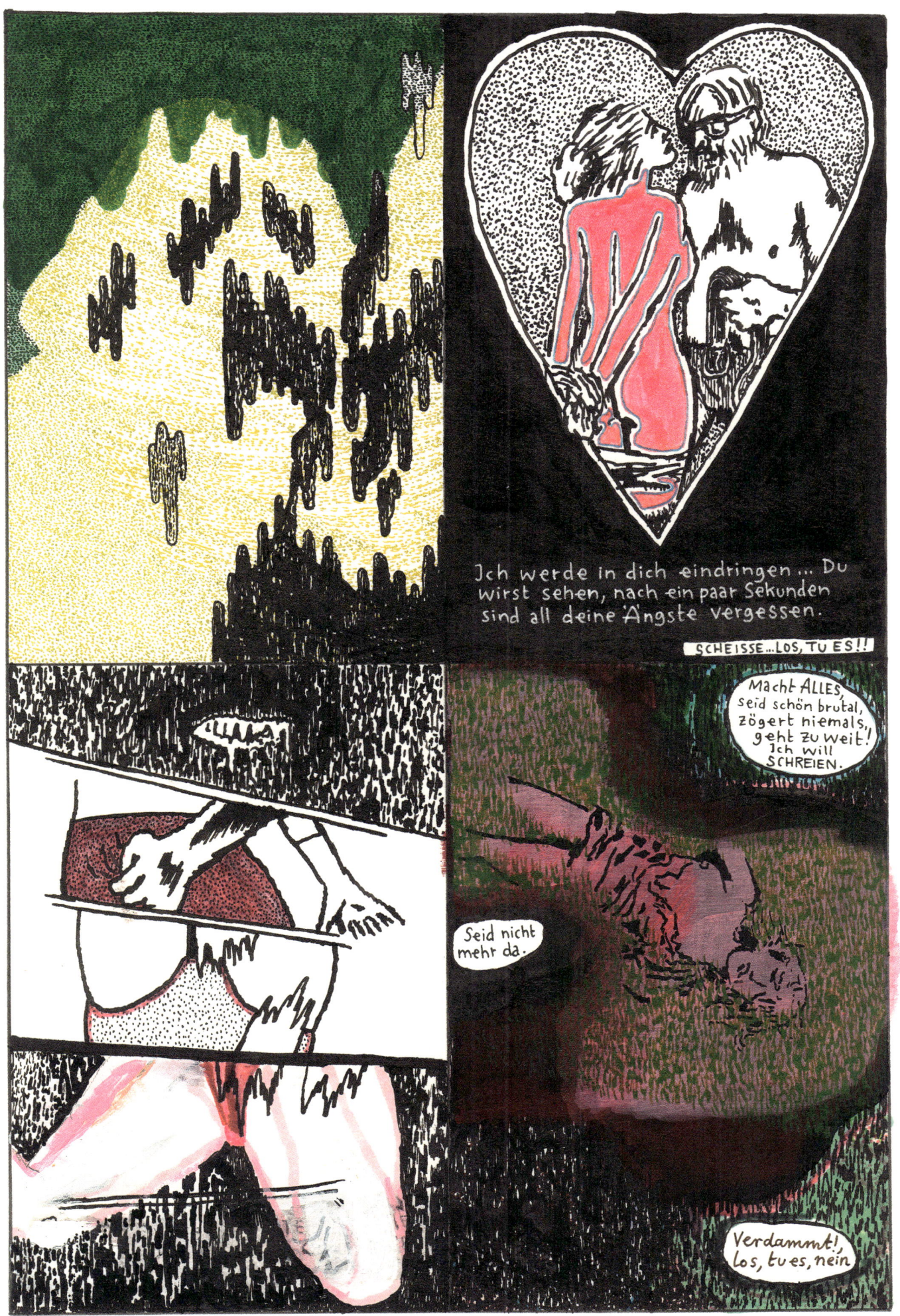

144

DIE PFLICHT

Ich liebe
Vasen,
ABER
ich hasse
die Blumen,
die in Vasen
VERDORREN

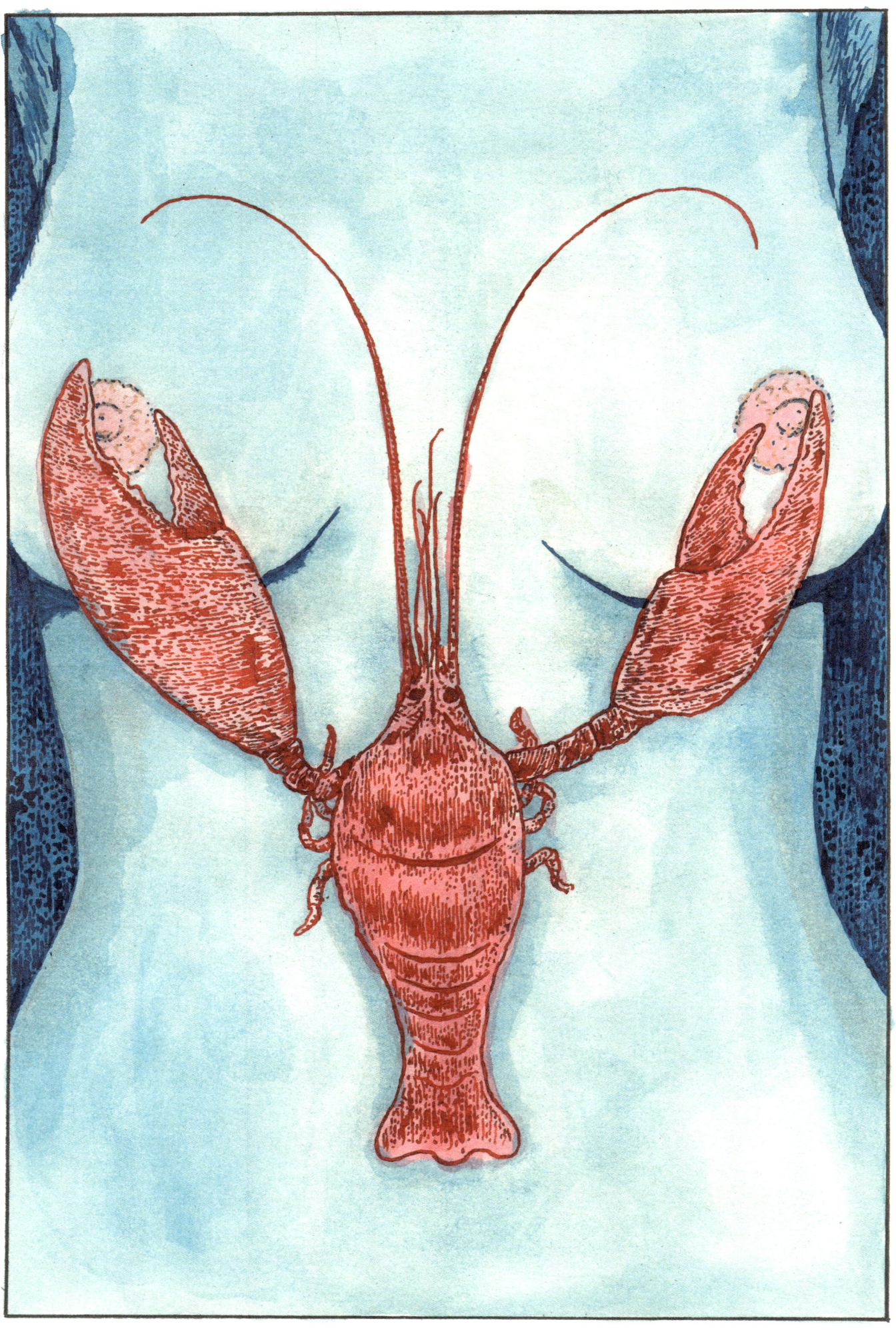

153

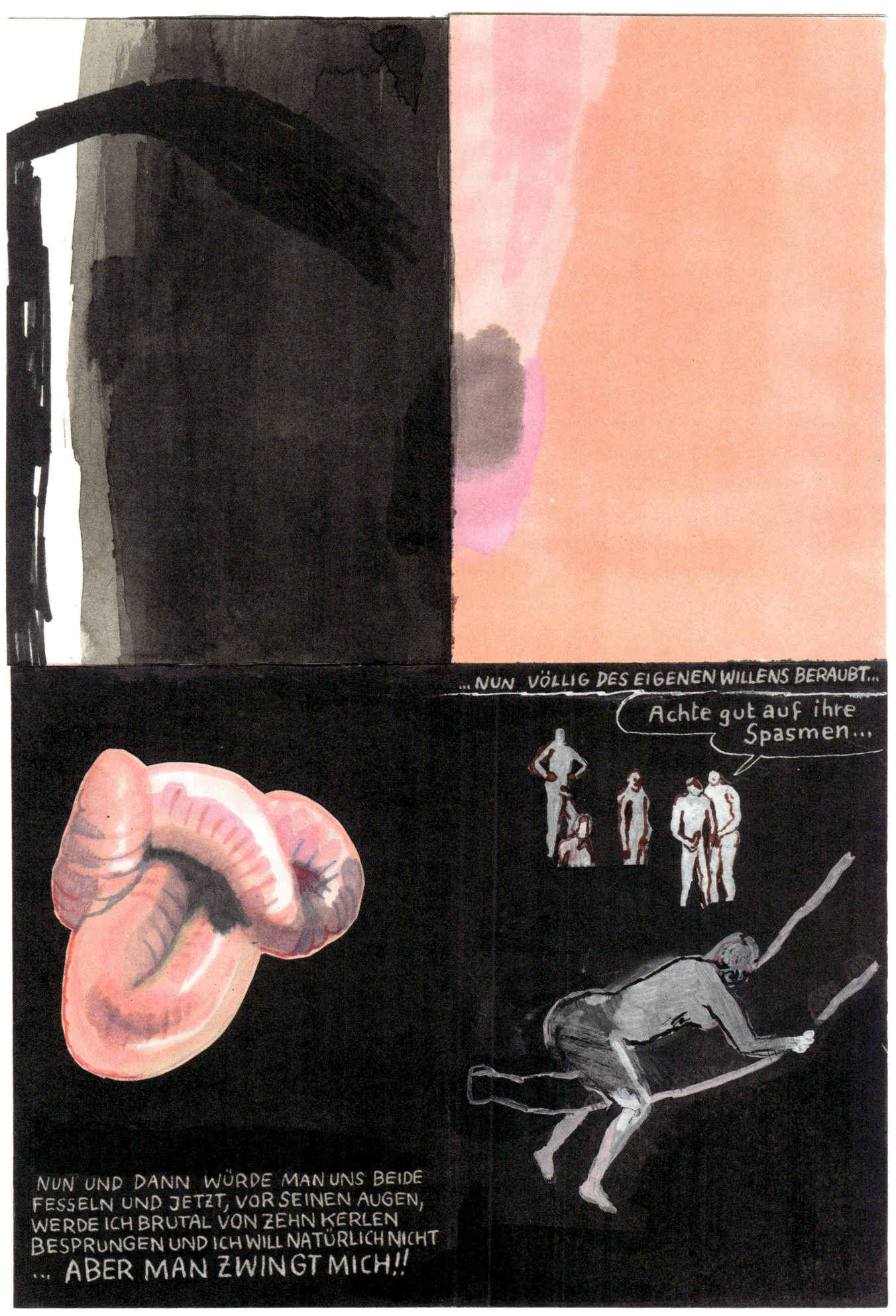

156

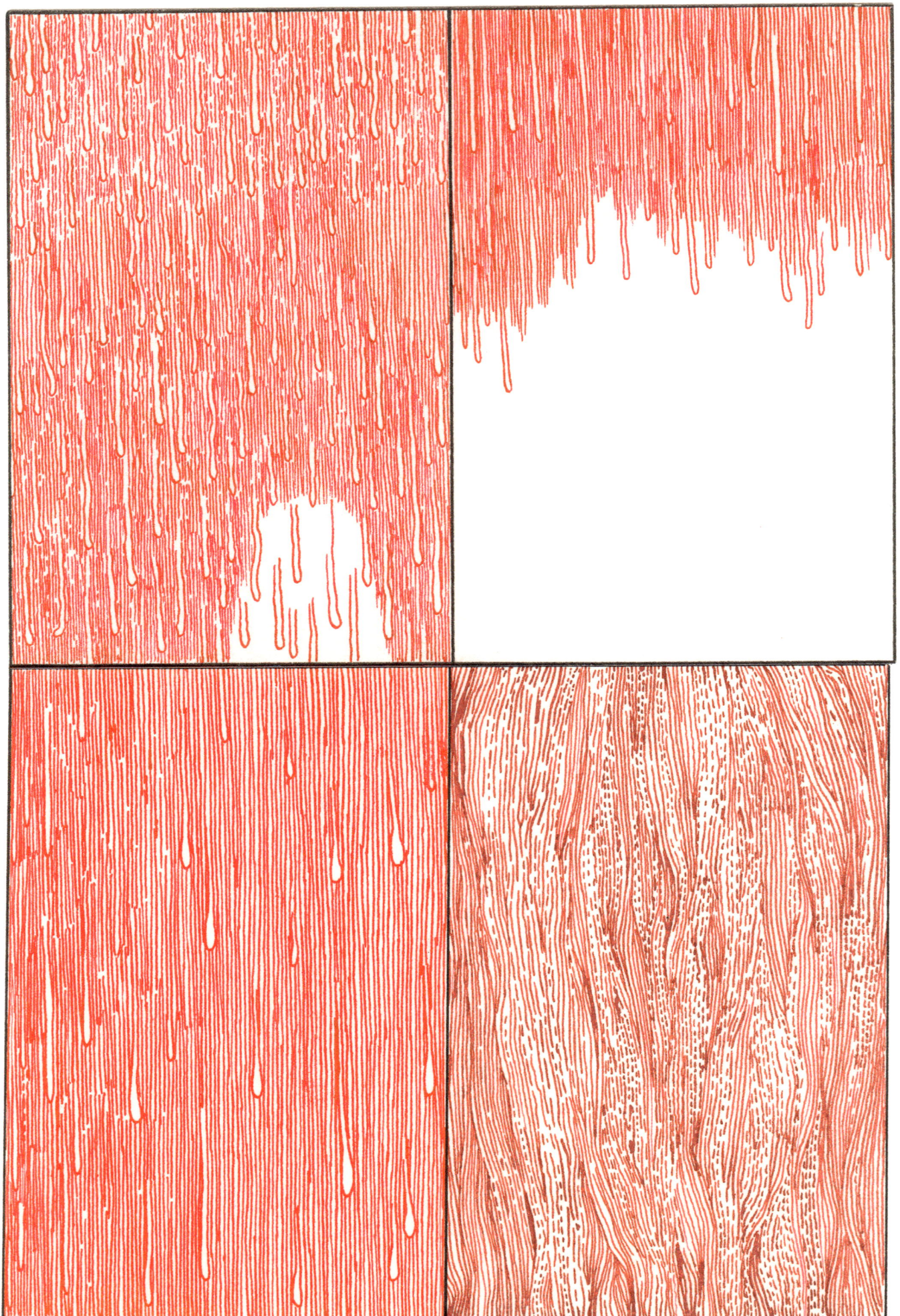

162

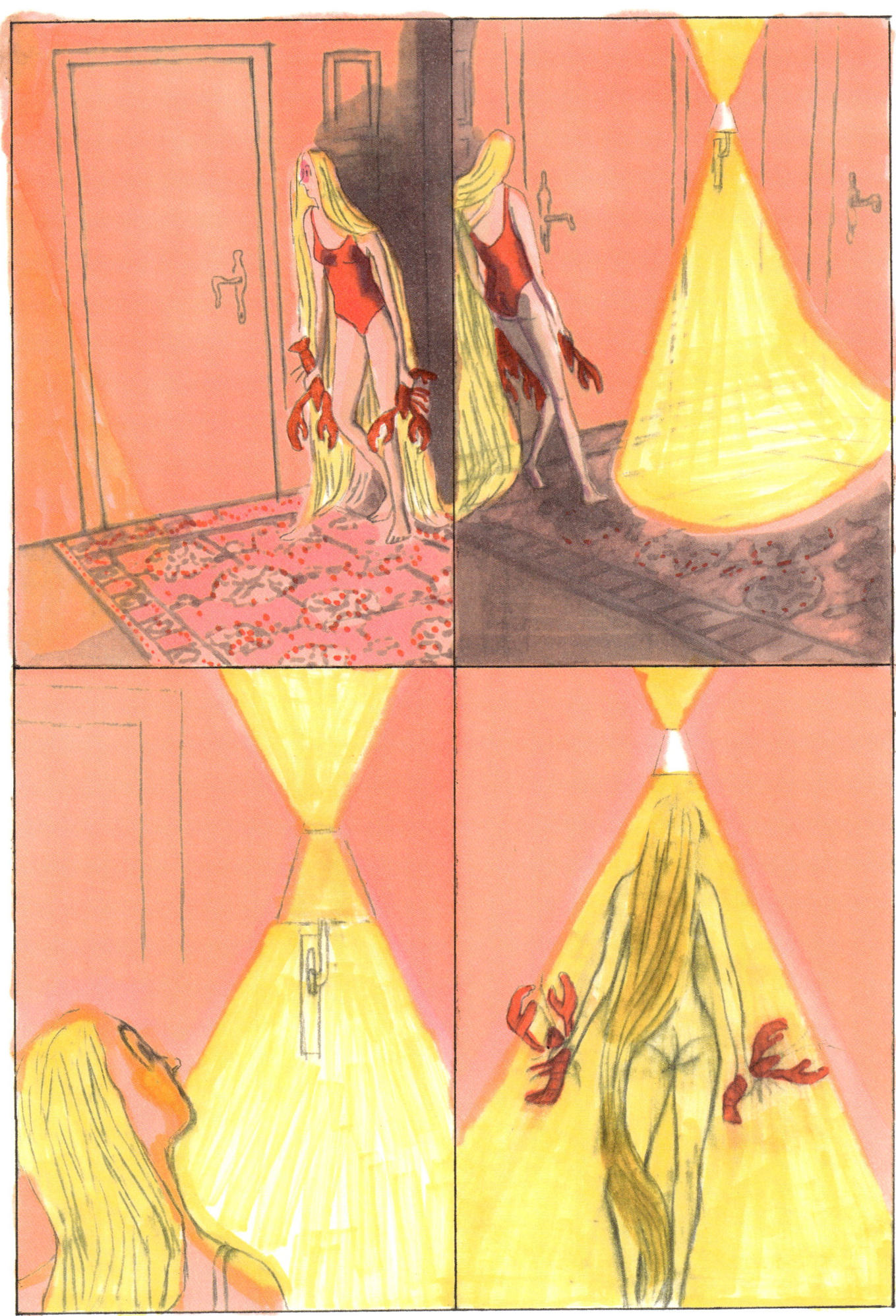

167

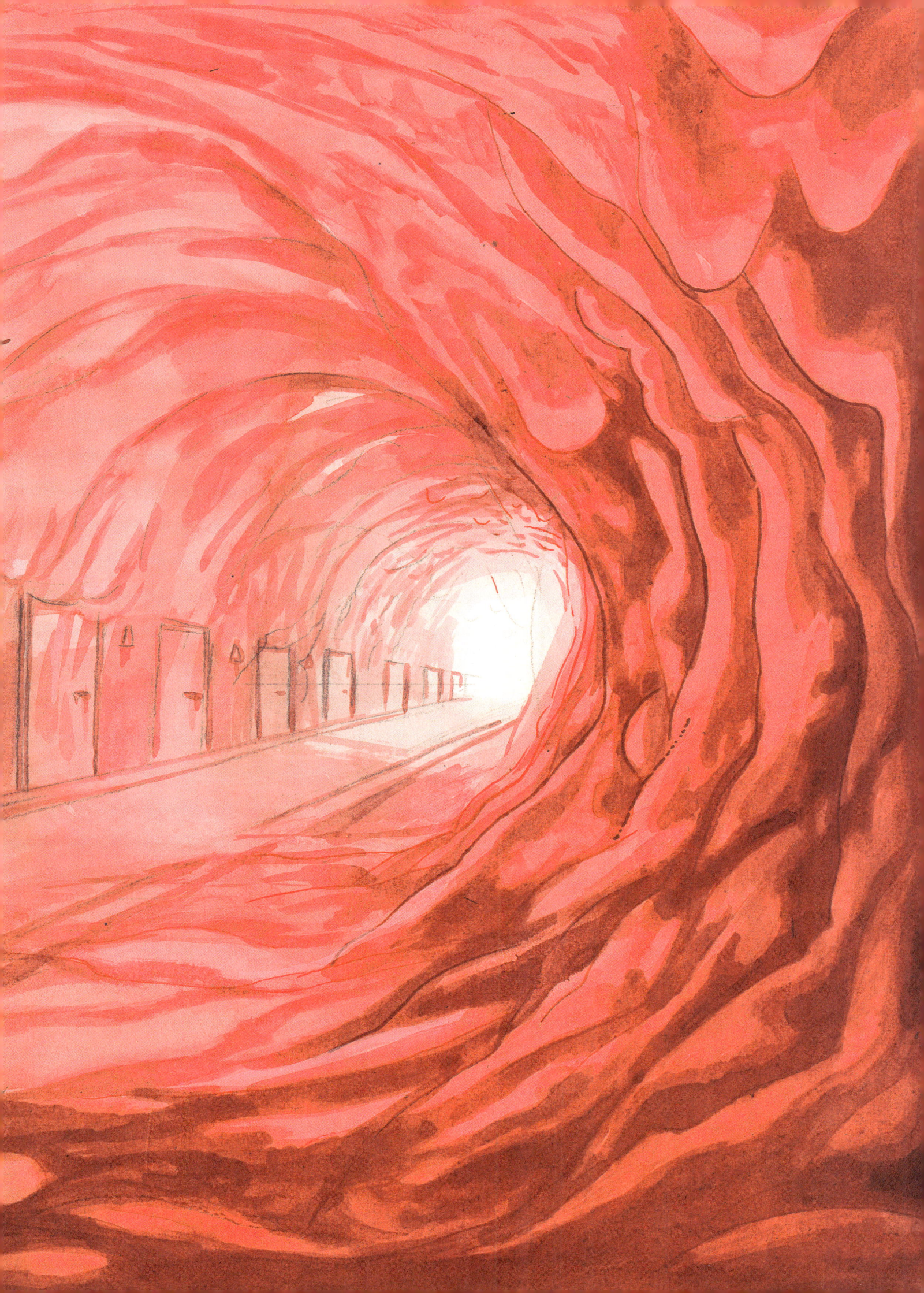

Noch bevor die Partie beginnt, erscheint die schlichte Schönheit des Spiels. Ein Din A4-Blatt, geteilt in vier Panels. Thema: Die Suche nach Liebe per Internet. Berlin/Brüssel, per Korrespondenz. Auf die Arbeit des Anderen reagieren, direkt, indirekt, weiter machen, produzieren. Durch Akkumulation entsteht eine Bilderbank. Nach 100 Seiten pausieren, neue Seitenfolgen erproben, die Karten vermischen, sehen, was sich zeigt – die Erzählung wird auf Basis einer Montage konstruiert – durch diese Umkehrung folgt das Szenario der Zeichnung, findet seine Form in den Zwischenräumen, beginnt in den Leerstellen.

Die Discokugel hängt mitten im Raum; so beginnt der zitternde Tanz der Vielzahl an Scherben, zerschnittenen Fragmenten, kaleidoskopischer Bilder einer geträumten Welt, die Verdrängung eines unerträglichen Verlustes, der psychische Reflex eines gebrochenen Lichtstrahls – Schemen erscheinen und alles endet in einer brüchigen Melodie, einer Suite nebulöser Klänge, im Lärm. Alles scheint für eine Weile unscharf zu sein – maximale Labilität an der Grenze zum Kollaps – dann, ohne dass man so recht versteht, warum, streben die Bilder einem gemeinsamen Zentrum zu. Der Schärfepunkt ist gefunden, und alles findet zusammen, es gibt keine Unklarheiten mehr. Ungeachtet des Getöses gewinnt nun die Geschichte die Oberhand, die Kandidaten fallen ein in den Garten, die Mutter taucht auf aus dem Nirgendwo, triumphierend. Wenn schließlich das Ende kommt, verstehen wir, dass all dies nicht anders hätte gesagt werden können.

Der Verlust offenbart eine neue Welt.

Der Schnitt durch die Dinge gebiert ihre Zukunft.

Guy Marc Hinant

BEI GEFALLEN AUCH MEHR ...
Text und Zeichnungen von
Dominique Goblet & Kai Pfeiffer

Übersetzt aus dem Französischen von Kai Pfeiffer

Lettering und Produktion: Kai Pfeiffer
Bildbearbeitung: Amandine Boucher
Lithographie: Olivier Dengis-Mistral
Korrekturen: Johann Ulrich, Benjamin Mildner
Herausgeber: Johann Ulrich

www.avant-verlag.de
www.facebook.com/avant-verlag
www.dgkp.eu

Dominique Goblet

Geboren in Brüssel, wo sie lebt, und als Comicautorin und bildende Künstlerin arbeitet. Seit Beginn der 90er Jahre ist sie eine Schlüsselfigur der Frankobelgischen Comic-Avantgarde um die Gruppe Frémok. 2007 veröffentlichte Sie ihren formal bahnbrechenden autobiographischen Comic »Faire semblant, c'est mentir« (deutsch: »So tun also ob heißt lügen«, avant-verlag 2017), der in sechs Sprachen übersetzt und mit dem Rudolph-Töpffer-Preis der Stadt Genf ausgezeichnet wurde. Für dieses Buch, wie für »Chronographie«, in Zusammenarbeit mit ihrer Tochter, (L'association, 2010), wurden sie beim Comicfestival von Angoulême nominiert. Mit letzterem Werk, wie auch »Les hommes loups« (Frémok, 2010), verfolgt sie eine verstärkt konzeptuelle narrative Erforschung des Medium Comic.
Seit 2011 arbeitet sie im Duo mit Kai Pfeiffer (»DGKP«). Neben ihrem hier vorliegenden ersten Buch, arbeiteten sie seit 2012 an der umfangreichen Ausstellung, »Le jardin des candidats«, die als Installation u.a. am Fumetto-Festival in Luzern, im Nabobov-Museum St. Petersburg, und in der Pariser Galerie Arts Factory gezeigt wurde, und die Basis ihres gleichnamigen zweiten Buches bilden wird.
Seit 2010 unterrichtet Dominique Goblet Comic und Illustration im Masterstudiengang der Kunsthochschule L'ERG in Brüssel. Sie schloss zudem 2015 eine Ausbildung als Elektrikerin, Klempnerin und Schweißerin ab, gefolgt von einer Ausbildung zur Keramikerin.

Kai Pfeiffer

Geboren in Berlin, lebt dort als Comicautor und bildender Künstler. Diverse Comic-Projekte zwischen Fiktion, Abstraktion und Reportage. Sein erstes Buch »Opérations esthétiques« wurde 2000 von Le Dernier Cri (Marseille) publiziert. 2012 erschien sein dokumentarischer Comic über die Reaktorkatastrophe von Tschernobyl in Japan (»No Nukes«, Hrsg. Ryuichi Sakamoto). Seine Werkreihe »Realm« erforscht den Raum visueller Narration in »konkreten«, bzw so der Autor, »molekularen« Zeichnungen, u.a. in »LAND«, »stadtelphen«, »Glory Hole« (in: »Strapazin«). Herausgeber der Anthologien »Plaque« und »flitter« (avant-verlag), Kurator mehrerer Comic-Ausstellungen. Zeichner und/oder Autor von Comicserien im Tagesspiegel und Frankfurter Allgemeine Zeitung. 2009-2014 unterrichtete er in der Comicklasse der Kunsthochschule Kassel. Zahlreiche Workshops, Seminare und Vorträge in internationalen Institutionen.
Zu den bisherigen Höhepunkten seiner Arbeit im Künstlerduo mit Dominique Goblet zählt die Schließung ihrer Installation »Le jardin des candidats«, 2015 im Nabokov-Museum in St Petersburg wegen zu viel »Realismus« (d.h., Darstellung nackter Männer), zuungunsten unverfänglicher »Symbolik« (nackte Frauen).
2015 erschien »Glücklich wie Blei im Getreide«, in Zusammenarbeit mit dem österreichischen Autor Clemens Setz, bei Suhrkamp.

Die Autoren danken Ulli Lust und Guy Marc Hinant für ihre essentielle Unterstützung ihrer Arbeit.